C'est vrai que des gens ont des serpents chez eux ?
pages 12-13

Mon chat aussi, il a peur des piqûres ?
pages 14-15

Est-ce que je pourrai emmener mon chien en vacances ?
pages 16-17

?

Je peux donner du chocolat à ma souris ?
pages 22-23

Est-ce que ma chatte aura de

Ça aime les câlins, les tortues ?
pages 32-33

Pourquoi mon lapin mange ses crottes ?
pages 34-35

Dans les autres pays aussi, les gens ont des animaux familiers ?
pages 36-37

Conception graphique : Emma Rigaudeau
Maquette : Pascale Darrigrand
Cet ouvrage a été réalisé avec la collaboration de Karine Forest.

editionsmilan.com

ISBN : 978-2-7459-9442-4 - Dépôt légal : 2e trimestre 2018 - Imprimé en Chine

les animaux de compagnie

Textes de **Pascale Hédelin**
Illustrations de **Colonel Moutarde**

MILAN

Où je peux trouver un animal à adopter ?

Tu es prêt à accueillir un animal ? Pour l'adopter, tu as le choix entre différentes possibilités. Puis, il te restera à décider lequel va partager ta vie !

À l'**animalerie**, on peut acheter des petits animaux : oiseaux, poissons, cochons d'Inde, lapins... ainsi que de la nourriture et des accessoires pour eux.

Le **refuge** recueille des chiens ou des chats qui ont perdu leur maître ou ont été abandonnés. Ils sont malheureux, beaucoup ont souffert. Tous ont terriblement envie et besoin d'être adoptés et chouchoutés !

On peut acheter un animal de race chez un **éleveur :** il les fait se reproduire et les vend… assez cher. On peut aussi consulter les petites **annonces,** ou adopter les chatons qui viennent de naître chez la **voisine.**

Parfois, un chat ou un chien **errant** vient se réfugier à la maison. On le recueille, et on décide de le garder. Mais en fait, c'est plutôt lui qui nous a choisis !

Comment savoir quel animal choisir ?

Avant d'adopter un animal, il vaut mieux connaître les particularités de son espèce. Il y a des avantages et des inconvénients à vivre avec chacun d'eux !

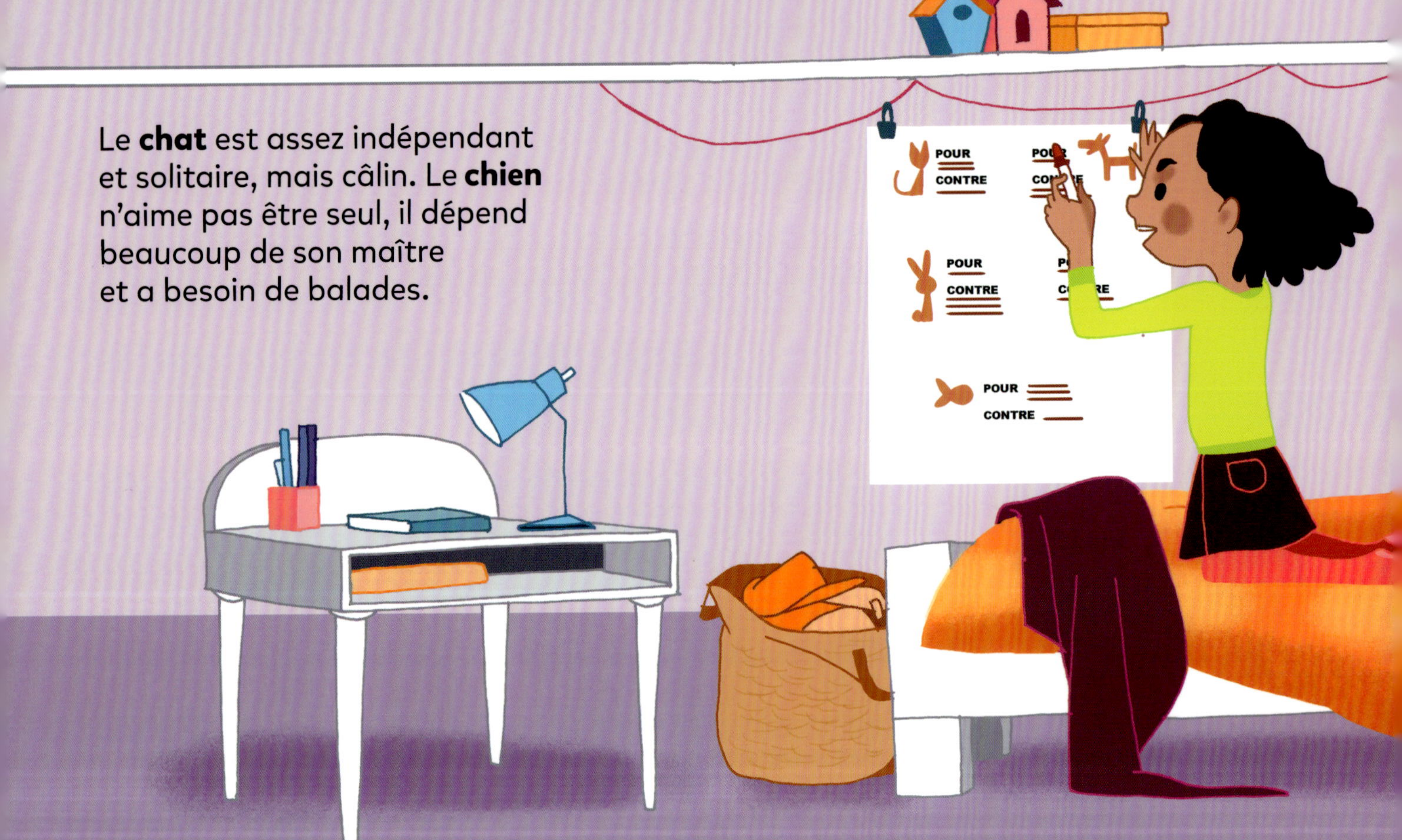

Le **chat** est assez indépendant et solitaire, mais câlin. Le **chien** n'aime pas être seul, il dépend beaucoup de son maître et a besoin de balades.

Le **hamster** est timide, il aime le calme et vit surtout la nuit. Le **lapin**, tout vif, n'aime pas trop être pris dans les bras. Quant au **cochon d'Inde**, bavard et gentil, il préfère vivre en groupe.

Le **canari** chante souvent et aime être en couple. La **perruche** est une pipelette. Le **poisson rouge**, lui, est paisible et gourmand. Et la **tortue terrestre** est un peu sauvageonne mais tranquille.

Chaque animal a son caractère et sa **personnalité**. Tu peux préférer celui qui est beau, ou gentil, rigolo, timide, préférer un mâle ou une femelle… mais surtout, pour le choisir, écoute ton cœur !

Quel animal vit le plus longtemps ?

Le hamster vit seulement 2 à 3 ans. S'ils sont bien traités, le cochon d'Inde peut atteindre 8 ans, le canari, 10 ans, le poisson rouge, 5 à 10 ans. Le chien vit environ 11 ans, le chat, 15 ans. La championne est la tortue terrestre : 50 ans et même 100 ans !

C'est vrai que des gens ont des serpents chez eux ?

Les NAC, les Nouveaux Animaux de Compagnie, viennent souvent de pays lointains. Il leur faut des soins particuliers. Mais ne seraient-ils pas mieux libres, chez eux, dans la nature ?

Alex adore son **python royal**, qu'il élève au chaud dans un terrarium. C'est un serpent paisible. Né en captivité, il n'est pas dangereux et se laisse prendre facilement. Il a la peau toute douce ! Son menu préféré ? Des souris une fois par semaine !

Le **fennec**, le **furet**, l'**écureuil de Corée**, le **cochon nain vietnamien**... sont à la mode. Julie a adopté un **macaque.** Ce singe est malin, câlin et joueur mais il la suit partout, déteste être seul, ne supporte pas les enfants et devient vite agressif !

Il est dangereux d'élever des serpents venimeux tel le **crotale**, ou des **crocodiles**, des **scorpions** ou certaines **mygales.** Gare aux morsures et piqûres ! Et il faut une autorisation spéciale pour les posséder.

Mon chat aussi, il a peur des piqûres ?

Une séance chez le vétérinaire est souvent nécessaire pour maintenir nos amis animaux en bonne santé. Mais en général, ils n'apprécient pas trop de s'y rendre !

Pour protéger ton chat (ton chien) de maladies dangereuses, le **vétérinaire** lui fait un **vaccin**. La piqûre n'est pas très douloureuse. Mais ton chat est inquiet car il n'aime pas être forcé de faire quelque chose et il sent d'autres bêtes qui ont peur. Sois calme, rassure-le.

Dalton, le dalmatien, a été heurté par une voiture. Il a une fracture à la patte. Le vétérinaire va d'abord l'**anesthésier** : il lui administre un produit qui l'endort. Puis il va l'**opérer** en urgence pour réparer son os brisé.

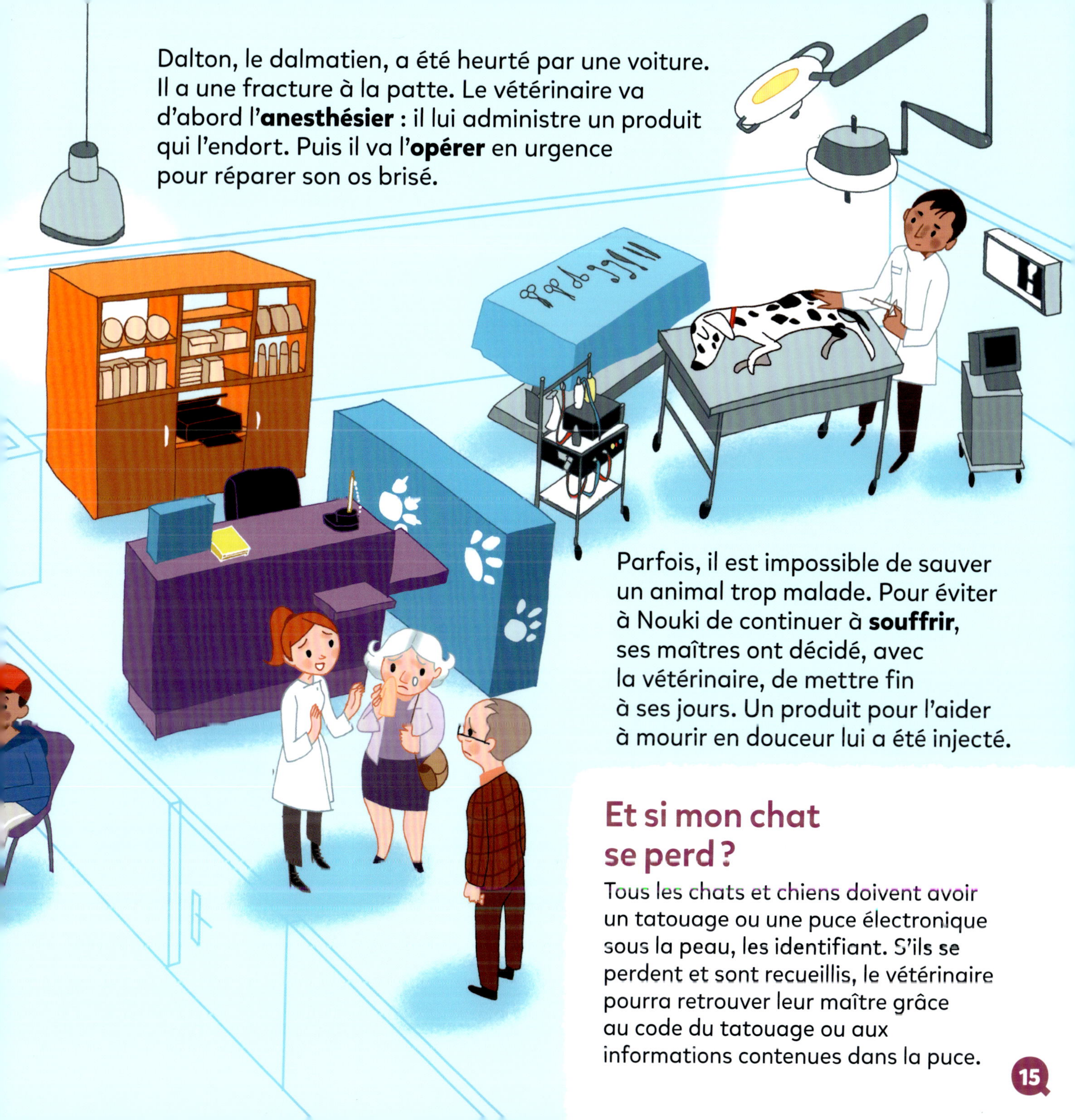

Parfois, il est impossible de sauver un animal trop malade. Pour éviter à Nouki de continuer à **souffrir**, ses maîtres ont décidé, avec la vétérinaire, de mettre fin à ses jours. Un produit pour l'aider à mourir en douceur lui a été injecté.

Et si mon chat se perd ?

Tous les chats et chiens doivent avoir un tatouage ou une puce électronique sous la peau, les identifiant. S'ils se perdent et sont recueillis, le vétérinaire pourra retrouver leur maître grâce au code du tatouage ou aux informations contenues dans la puce.

Est-ce que je pourrai emmener mon chien en vacances ?

Au moment de partir en vacances, on a parfois quelques soucis avec les animaux… Mais rassure-toi : il y a des solutions !

Tu peux emmener ton chien en vacances, il en sera ravi, mais pas n'importe où. Beaucoup d'hôtels, campings, locations, plages… **n'acceptent pas** les animaux. On craint qu'ils fassent du bruit, des saletés ou des dégâts.

En **voiture**, l'animal doit n'avoir ni trop chaud ni trop froid, et pouvoir boire. Il aura peut-être besoin aussi de se dégourdir les pattes. En **avion**, il voyagera sûrement à l'abri dans la soute, avec les bagages.

En ton absence, des amis ou voisins peuvent **garder** ton animal chez toi. Tu peux aussi le confier à une famille d'accueil ou une **pension.** Ta tortue d'eau et tes poissons pourront rester seuls plusieurs jours, avec un **distributeur** de nourriture.

Chaque **été**, avant les vacances, près de 60 000 chiens et chats sont **abandonnés** par leurs maîtres. Ces actes sont punis par la loi : 2 ans de prison et une forte amende !

C'est méchant de mettre un oiseau en cage ?

Les oiseaux qu'on achète ne sont pas nés dans la nature, ils ont l'habitude d'être en cage. Mais ils ont besoin de compagnie, d'activités et de sorties !

Les **canaris** Aldo et Biscotte ont tout ce qu'il faut pour se sentir bien dans leur cage : un **perchoir** où se poser, une **mangeoire**, un **distributeur d'eau**, une **baignoire** pour faire leur toilette.

Les **perruches** adorent les **jouets** : balançoire, échelle, clochette, miroir, balle... Certaines apprennent à **parler** si on leur répète patiemment les mêmes mots. Elles en comprennent même souvent le sens, comme « Bonne nuit » ou « Je veux un bisou » !

La **cage**, c'est leur abri, leur maison. Mais ça ne doit pas être leur prison. Pas question d'enfermer des oiseaux dans une cage minuscule, ils ont besoin d'**espace**. Et elle doit être **nettoyée** tous les jours.

Régulièrement, Léa **libère** Cannelle et Cacahuète dans le salon. Elle ferme portes, fenêtres et rideaux et met les plantes vertes à l'abri des coups de bec. Jamais elle ne relâchera ses perruches dans la nature, elles ne survivraient pas !

Mon chien ne veut pas m'obéir, comment je fais ?

Pour vivre en harmonie avec ses maîtres, le chien doit s'adapter à leur façon de vivre, respecter certaines règles et apprendre à obéir. Pour cela, il doit être bien éduqué !

Ton chien ne doit pas en faire qu'à sa tête ! **Mal élevé** il peut devenir infernal : faire pipi ou caca dans la maison, vider la poubelle, voler le rôti, aboyer sans arrêt, filer dans la rue... ou, pire, attaquer quelqu'un.

Il faut avoir de l'**autorité** sur lui. S'il **désobéit**, on le **gronde** avec une voix forte. Pour le punir, on ne le frappe pas mais on le laisse à part : il déteste ça ! Quand il obéit, on le **récompense** avec une friandise ou un câlin.

Tout **petit**, il doit accepter de rester seul et de s'ennuyer. Interdiction de sauter sur les gens ou d'agresser un autre chien. Il doit venir quand on l'appelle et obéir aux **ordres** comme « Assis ! », « Couché ! », « Au pied ! », « Pas bouger ! ».

Au **centre de dressage**, l'éducateur canin enseigne aux maîtres comment **éduquer** leur toutou. Grâce aux exercices et aux jeux du **parcours agility**, le chien devient plus agile et obéissant. Et il aime ça !

Pourquoi il y a des chiens méchants ?

Mal éduqué, n'importe quel chien peut devenir dangereux, même un petit teckel ! C'est le cas si on le laisse faire le chef, si on ne le sort pas assez, si on l'embête ou le maltraite. Des gens aiment aussi dresser des chiens à l'attaque, comme s'ils étaient une arme !

Je peux donner du chocolat à ma souris ?

Nos petits compagnons dépendent de nous pour se nourrir et donc pour vivre. Leur nourriture doit être saine, équilibrée, adaptée à leur espèce et leur mode de vie.

La **souris** est omnivore : elle grignote de tout. Mais elle a un faible pour les graines et les céréales. Elle apprécie aussi parfois le gruyère et les fruits et légumes (bio, sans produits chimiques).

Le chocolat est **toxique** et même mortel pour ta souris ! C'est le cas pour tous les **rongeurs**, les **chats** et les **chiens.** Pas de bonbons ou de biscuits d'apéritif non plus : ni sucre ni sel pour eux. Pas de lait non plus !

La **nourriture industrielle** est pratique, mais pas toujours de bonne qualité, sauf celle vendue par le vétérinaire, plus chère. On peut aussi préparer des petits plats maison à son animal, en se renseignant bien sur ses besoins.

Un animal qui **mange trop** ou a de la nourriture trop riche, contenant trop de graisse, va grossir. Et il peut tomber très malade. De plus, il a besoin d'activité pour être en forme. Comme toi !

Est-ce que ma chatte aura des bébés ?

C'est une belle leçon de vie d'assister à la naissance de chatons, de les voir téter, grandir, jouer, faire des bêtises... ! Ensuite, il faut que ces bébés puissent mener une vie heureuse.

Quand la chatte est **amoureuse**, les mâles sont attirés par ses miaulements et son odeur. Deux mois après l'accouplement, elle donne naissance à des chatons.

Une chatte peut avoir 3 portées de 6 chatons par an ! C'est épuisant pour elle, et ils ont du mal à être adoptés. Alors, Ana fait **stériliser** sa chatte : Plume n'aura pas de bébés, mais elle sera pas malheureuse et sera en meilleure santé.

Vanille, la femelle hamster, a eu 6 bébés. À la **naissance**, ils sont tout nus, tout roses, sourds, aveugles et fragiles. Il ne faut surtout pas les toucher : Vanille pourrait se sentir menacée… et les dévorer !

Les guppys ont eu plein de petits. Dans un aquarium à part, ces alevins se **débrouillent** seuls. De son côté, Brioche, la femelle perruche, nourrit ses oisillons, tandis que Nougat, le mâle, la nourrit.

À quoi je peux **jouer** avec mon **cochon d'Inde ?**

Ton cochon d'Inde a besoin de gigoter et de faire travailler son cerveau. Et les jeux sont de supermoments d'échange avec lui, comme avec tous les animaux !

Les cochons d'Inde sauvages passent beaucoup de temps à **chercher de la nourriture** dans la nature. Pour que Pixie fasse comme eux, Tom a caché des bouts de fruits et légumes. Pixie se régale à farfouiller pour les dénicher.

Ton animal adore jouer à **cache-cache** dans les tunnels, escalader le toit de sa cabane, trotter le long d'un pont... Tu peux lui préparer un petit **parcours d'obstacles**, en le guidant avec des fruits pour le pousser à y aller.

Il vaut mieux des **jouets** en matière naturelle, comme le **bois**. Si ton cochon d'Inde les ronge pour user ses dents, il ne s'empoisonnera pas. Pas de roue ni de grille ni d'objets à trous avec lesquels il pourrait se blesser.

Comment on va appeler notre animal de compagnie ?

Son petit nom peut être lié à son caractère (Doucette, Dynamite), à son aspect physique (Cacao, Flocon) ou être rigolo (Pupuce). Tu peux aussi lui donner un prénom humain. Peu à peu, il va répondre à son nom, surtout si tu l'appelles pour lui donner une « friandise » !

À la préhistoire, il y avait déjà des animaux de compagnie ?

De tout temps, les humains ont recherché la compagnie des animaux. Parce qu'ils avaient besoin d'eux… ou par envie d'avoir de beaux compagnons.

Il y a plus de 20 000 ans, les hommes préhistoriques ont apprivoisé des jeunes **loups**, pour qu'ils les aident à chasser. Le croisement de différents loups domestiqués au fil du temps donnera… **le chien**.

Le **chat** sauvage a été domestiqué il y a 10 000 ans, au Proche-Orient. Il débarrasse alors les hommes des rongeurs qui dévorent leurs récoltes de céréales. Pour les Égyptiens de **l'Antiquité**, le chat est sacré et protège les demeures.

Au **Moyen Âge**, en Europe, les nobles apprécient les chiens. Les dames ont des petits **bichons** et les hommes de gros **dogues**. Il est aussi très chic de posséder un **guépard** ou d'avoir des **singes** habillés en hommes.

Aux **XVIe et XVIIe siècles**, beaucoup de gens ont des **cochons d'Inde**. Ces animaux exotiques, venus d'Amérique latine, sont adorables et tout nouveaux. À la cour de François Ier, la mode est à la **genette**, un animal sauvage et nocturne.

Quand est-ce que mon poisson dort ?

Comme tous les animaux, les poissons ont besoin de se reposer régulièrement pour reprendre des forces. Ils dorment discrètement, à leur manière.

Un poisson a des écailles protectrices, des nageoires pour se diriger et avancer, des branchies sur les joues pour respirer sous l'eau... mais il n'a **pas de paupières.** Impossible donc de fermer les yeux pour dormir.

Les poissons ne dorment pas vraiment mais font de **courtes siestes**. Pendant un petit moment, ils se tiennent immobiles, de préférence dans un creux de rocher ou sous des algues... **À l'abri**, ils risquent moins d'être attaqués par d'éventuels ennemis.

Ton poisson rouge est actif le jour, comme beaucoup d'autres. Au cours de la nuit, il va plusieurs fois vers le **fond de l'aquarium** pour faire un petit somme. Son cœur bat moins vite, il consomme moins d'énergie. Mais il ne rêve pas !

Est-ce que mon poisson rouge s'ennuie, des fois ?

Les poissons ont une vie de groupe très active et ont besoin de beaucoup d'espace pour nager, explorer... Tout seul, enfermé dans un petit bocal, ton poisson rouge s'ennuie beaucoup et souffre. Il lui faut un grand aquarium bien propre, avec des plantes et des copains !

Ça aime les câlins, les tortues ?

La tortue est un reptile. Avec elle, tu n'auras pas les mêmes relations qu'avec un chat, un chien ou un cochon d'Inde. Mais elle apprécie la douceur !

La tortue est un **animal sauvage protégé.** Pour en posséder une, il faut une autorisation, le permis CITES. Certaines espèces sont interdites car elles risquent de disparaître. Et pas question d'en prendre une dans la nature !

César vit au jardin, dans un **enclos.** Solitaire, il se nourrit de plantes, de fruits, et croque les escargots et les vers de terre. L'hiver, il se met au repos dans un abri et dort jusqu'au printemps.

La tortue n'est pas un animal très câlin, et elle n'aime pas être portée, tripotée... Tu ne peux pas la dresser ni jouer avec elle. Mais certaines apprécient les **caresses** sur la **tête** ou dans le **cou.**

Bulle, la tortue d'eau, est élevée dans un **aquarium**. Elle nage, prend le soleil, mange du poisson cru, un peu de viande et des pissenlits. Elle est mignonne mais va beaucoup grandir : de 5 à 30 cm !

Pourquoi mon lapin mange ses crottes ?

Comme d'autres rongeurs, le lapin mange certaines de ses crottes. Il n'est pas malade et ce n'est pas dégoûtant, au contraire : c'est naturel et indispensable pour lui.

Le lapin a l'habitude de vivre en **colonie**. Il vaut mieux en avoir au moins deux. Ensemble, Biscotte et Cracotte se toilettent, jouent, font la sieste... Et il leur faut de la place pour gambader.

Le lapin ne marche pas, mais avance par petits **bonds** en poussant sur ses longues pattes arrière. S'il flaire un danger, il tambourine sur le sol avec elles, pour avertir les autres.

Ton lapin est **herbivore.** Au menu : foin, légumes, quelques fruits… et des crottes spéciales, qu'il fabrique lui-même. Molles et humides, elles contiennent des éléments très utiles à sa santé (des vitamines en particulier).

Gare aux **dégâts** ! Il a besoin de gratter, creuser et grignoter. Il peut s'attaquer aux tapis, magazines, meubles ou, plus grave : aux fils électriques, qui peuvent lui envoyer une décharge. Surveille-le !

Mon lapin peut dormir avec moi ?

Non ! Il s'active surtout le matin, le soir et la nuit. Il farfouille, mange, fait ses besoins… S'il a sa cage dans ta chambre, il va te réveiller et la nuit sera infernale ! Et si tu dors avec lui dans ton lit, tu risques de le blesser en te retournant sur lui.

Dans les autres pays aussi, les gens ont des animaux familiers ?

Plus de la moitié des habitants de la planète vivent avec au moins un animal de compagnie. À travers le monde, le chouchou est… le chien.

Aux **Émirats arabes unis**, les gens très riches sont fiers d'avoir de gros félins sauvages qui impressionnent : lion, tigre, guépard… Élevés tout bébés, ils deviennent incontrôlables en grandissant, et de nombreux accidents ont lieu !

Aux **États-Unis** et en **Argentine**, des personnes ont comme métier de promener les chiens des autres dans la journée, parfois dix à la fois. De vraies nounous à toutous !

Au **Japon**, dans les grandes villes, on vient caresser des chats dans des « bars à chats ». Leur douceur et leurs ronronnements détendent. Mais parfois, ils en ont assez d'être cajolés par des inconnus.

Dans la forêt amazonienne, au **Brésil**, des tribus indigènes comme les Awa recueillent des petits animaux orphelins, qui deviennent leurs compagnons.

Découvre les autres titres de la collection

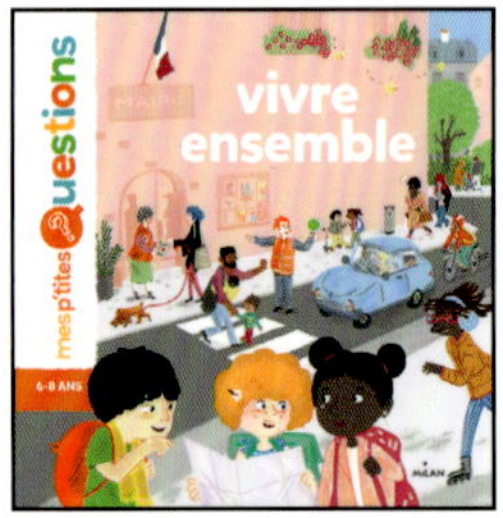

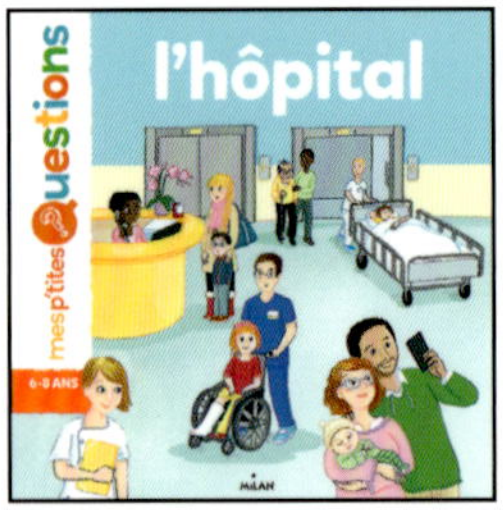

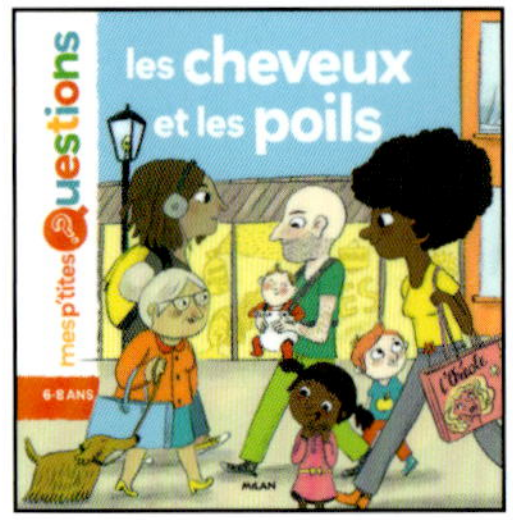

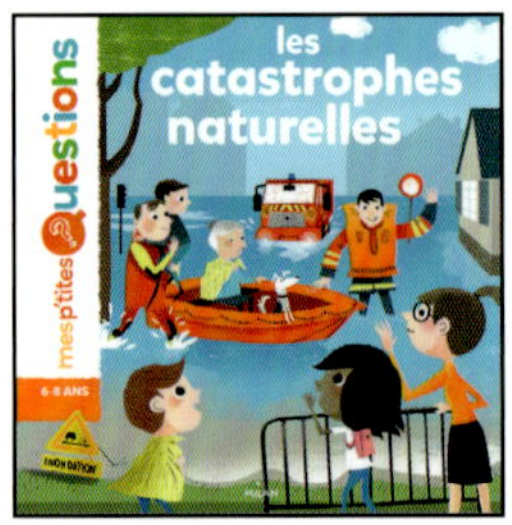

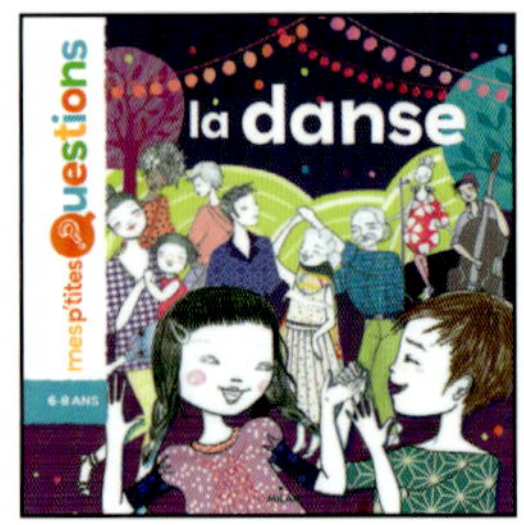

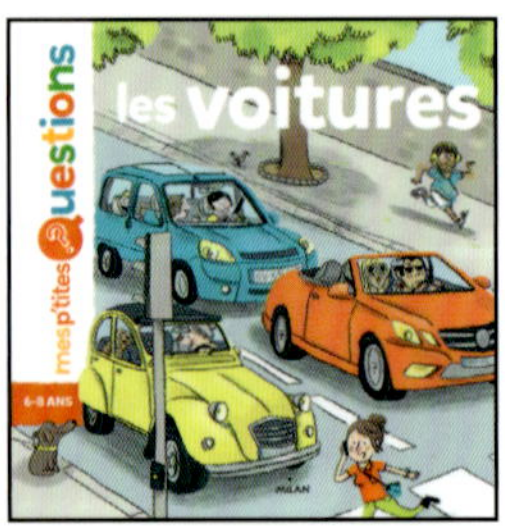

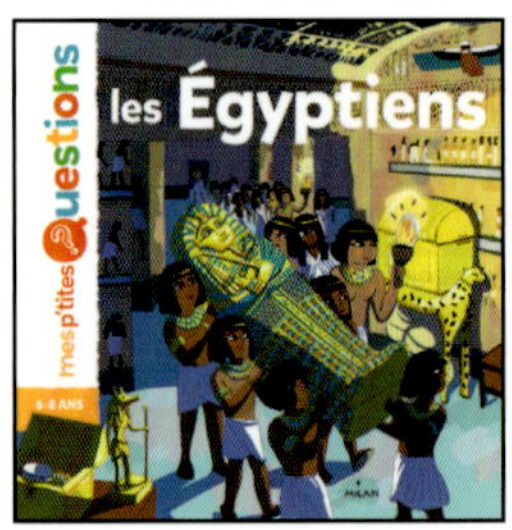

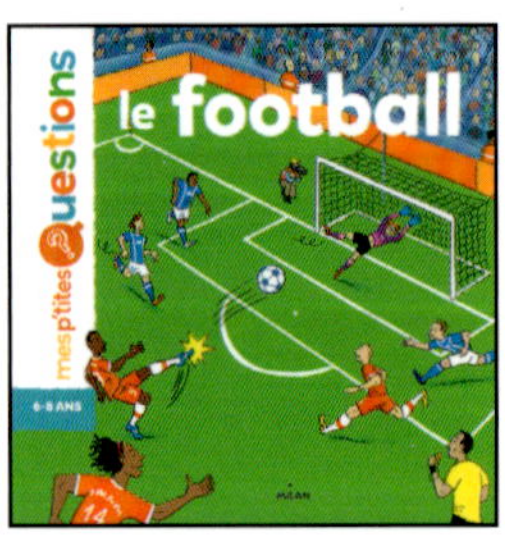

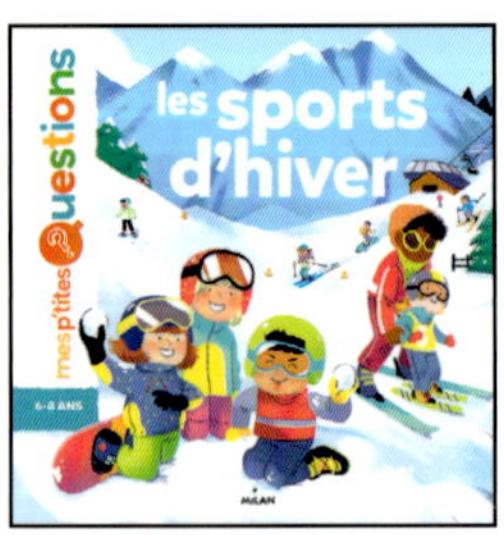